CATALOGUE

D'une Collection

D'OBJETS D'ART

ET DE CURIOSITÉS,

Composant le Cabinet de feu M. Auguste,
ancien pensionnaire de Rome,

Cette Collection se compose de belles Armures, Meubles en bois sculptés,
Marbres, Bronzes, Laque de Chine, Vidrecums en argent,
Porcelaines, Verreries, Costumes divers, Soieries
anciennes, Peau de Lyon, Tapis de Smyrne
et autres étrangers,

TABLEAUX

DE DIVERSES ÉCOLES,

DESSINS, MINIATURES, GRAVURES EN FEUILLES, ET LIVRES A FIGURES,

DONT LA VENTE AURA LIEU

Les Mardi 28, Mercredi 29, Jeudi 30
et Vendredi 31 Mai 1850, à Midi,

EN SON DOMICILE, A PARIS, RUE CAUMARTIN, 9,

Par le ministère de M° J. LEMAITRE-LAGUETTRIE,
Commissaire-Priseur, à Paris, y demeurant,
rue Notre-Dame-de-Nazareth, 27;

Assisté 1° De M. THERET père, Expert de la Chambre des
Commissaires-Priseurs, demeurant à Paris,
rue des Saints-Pères, 38;

2° Et de M. JUSTE, Expert en Armures, demeurant à Paris,
rue Mazarine, 5.

EXPOSITION PUBLIQUE

Les Dimanche 26 et Lundi 27, de midi à 5 heures.

Le Catalogue se distribue chez les Personnes ci-dessus
désignées et chez le Concierge de la maison rue Caumartin, 9.

1850.

ORDRE DES VACATIONS.

Mardi 28.

Les Gravures, Livres à Figures, Dessins, Miniatures, etc. — On commencera par les Objets d'atelier.

Mercredi 29.

Tableaux.

Jeudi 30.

Armes et Armures, Meubles en bois sculptés et Curiosités diverses.

Vendredi 31.

Costumes, Tapis et tous les objets qui n'auraient pu être vendus dans les Vacations précédentes.

Samedi 1er juin.

Ustensiles de Ménage et de Cuisine, Calorifères, Linge, Vêtements d'Homme, Livres, Objets de literie, Meubles divers, Argenterie et Bijoux.

CONDITIONS DE LA VENTE.

Elle se fera expressément au comptant.

Les Adjudicataires, outre le prix de chaque Lot, paieront cinq centimes par franc applicables aux frais.

Les Lots adjugés devront être enlevés de suite.

DÉSIGNATION.

Armes et Armures.

1. Armure cannelée du XV⁰ siècle, surmontée du Casque dit Salade et de sa Mentonnière fixée sur le Plastron de Cuirasse. Cette Armure est remarquable pour sa parfaite conservation et ses formes gracieuses.
2. Armure de la même époque sur un Cheval garni du chanfrin et de la barre de crinière ; le Caparaçon en carton-pâte.
3. Un petit Modèle d'Armure sur son Cheval, du XVI⁰ siècle, bien conservé.

4   Une autre petite Espagnole du temps de la domination des Maures.

5   Armure allemande cannelée du XVI° siècle, dite Maximilienne, parfaite dans son entier.

6   Un Plastron ou Devant de Cuirasse d'armure cannelée du XV° siècle.

7   Deux Cuissards d'Armure, même époque.

8   Un Cuissard et la Jambière, même époque.

9   Deux Gantelets d'Armure, idem.

10 Un Brassard, idem.

11 Une Mentonnière, idem.

12 Un Fragment de Plastron de Cuirasse du XV° siècle.

13 Une longue Tassette d'Armure du XV° siècle.

14 Un Casque, dit Salade, idem.

15 Un Casque vénitien, idem.

16 Deux Casques cannelés du XVI° siècle.

17 Un Casque uni ou Heaume, idem.

18 Un Casque dit Bourguignotte, idem.

19 Un Casque du XIII° siècle très oxidé.

20 Une Cubitière et un Gantelet du XVI° siècle.

21 Deux Éperons arabes.

22 Devant et Derrière de Cuirasse du XVII° siècle.

23 Devant de Cuirasse dite Brigantine.

24 Une Claymoor écossaise.

25 Une Cartouchière du XVII° siècle.

26 Un Hausse-Col, même époque.

27 Une Épée de Combat, lame triangulaire.

28 Une paire de Pistolets à pierre.

29 Une idem garnis en cuivre.

30 Un Pistolet, la monture ornée de cuivre gravé.

31 Une Dague du XV° siècle, la monture et garniture en cuivre.

32 Épée, lame flamboyante.

33 Dague du XV° siècle, lame triangulaire garnie de son fourreau.

34 Un Casque uni à Oreillette, surmonté d'un Cimier en bronze, représentant un Dragon ailé du XV° siècle.

35 Un Cimier de Casque du XV° siècle, représentant une Tête chimérique en bronze.

35 bis. Un Bufflotin du XVII° siècle.

36 Couteau de Chasse dit Baïonnette, garni en argent.
37 Épée de Tournoi avec inscription allemande.
38 Épée idem, large lame.
39 Épée du XVIe siècle, monture en fer.
40 Épée du XVe siècle, lame triangulaire.
41 Épée allemande du XVIe siècle, la monture en fer, noircie, gravée et dorée.
42 Forte Dague en fer.
43 Petite Arbalète avec incrustation ivoire.
44 Épée antique en fer.
45 Bâton de Commandement en fer gravé et doré avec les armes des ducs de Bourgogne.
46 Deux Flèches d'Arbalète.
47 Un Harnais orné de cuivre, ciselé d'or, du temps de Louis XIV.
48 Toutes les Ames, débris d'Armures ou Harnais seront vendus sous ce numéro.

Bois sculptés, Objets en argent, Bronzes, Porcelaines, Verreries, Marbres, Terres cuites et Curiosités diverses.

1   Un Lit à Colonnes cannelées et à Moulures en bois sculpté.
2   Un très beau Bahut à trois Tiroirs supporté par des Cariatides.
3   Un Écran avec Tapisserie en bois sculpté.
4   Un belle Étagère en bois de chêne sculpté.
5   Une autre Étagère à trois Compartiments et Balustre.
6   Deux petits Rouets en bois.
7   Deux petites Étagères à Colonnes torses.
8   Un grand Fauteuil à X, avec des Mascarons et Ornements en bois sculpté.
9   Sept Blasons en bois sculpté.

10 Quatre Collerettes anciennes.

11 Cinq jolis Cadres anciens en bois sculpté et doré.

12 Un Pupitre en fer.

13 Une Glace à la Dauphine dans son cadre sculpté et doré.

14 Un Miroir flamand à biseaux.

15 Un grand Coffre en Laque de Chine avec sa Garniture en cuivre doré, supporté par un pied en bois sculpté et doré.

16 Un autre Coffre en Laque de Chine avec garniture en cuivre doré, supporté par un pied en bois noirci et des reliefs en bois sculpté et doré.

17 Une Boîte ovale en Laque et un Plateau.

18 Environ quinze à vingt Pièces, telles que Chaises, Fauteuils, Tabourets à pieds tournés et à pieds torses, recouverts de différentes étoffes, qui seront divisés.

19 Une Table en Chêne à pieds torses et Entre-Jambes.

20 Une Autre plus petite.

21 Un petit Guéridon.

22 Deux Cadres en Marqueterie.

23 Un beau Vidrecum du XVIe siècle en argent, partie doré, surmonté d'un Guerrier tenant une lance, orné de Mascarons et d'ornements au repoussé.

23 bis. Un Idem du XVIe siècle en vermeil.

24 Un Étui de Nécessaire en écaille, garni en argent.

25 Une Chaîne de Chevalier en argent.

26 Deux Agrafes de Manteau en argent.

27 Une Écritoire chinoise en argent.

28 Deux Médailles : une de Nicolas Poussin, et l'autre de Napoléon, en argent.

29 Un Sac et un Bonnet brodés en fin.

30 Une petite Écritoire indienne, ornée de Lapis et de Corail.

31 Trois Vitraux anciens : le Père Éternel, l'Ascension et Saint Michel.

32 Deux autres plus grands. Sujets de Joueurs.

33 Une Vierge et un Groupe de deux Figures gothiques en ivoire sculpté.

34 Une Amorçoire du XVIe siècle en cuivre doré.

35 Une Escarcelle en fer.

36 Une Giberne indienne en cuivre argenté.

37 Un petit Coffre gothique en ivoire sculpté, orné de Figures et d'Animaux.

38 Deux Statuettes antiques en Marbre blanc.

39 Un Laocoon en terre cuite.

40 Une petite Figure d'Enfant en terre cuite.

41 Deux petits Bas-Reliefs et une Figure d'Enfant, terre cuite, par François Flamand.

42 Une petite Statuette antique en bronze, figure de Minerve sur son Socle en Marbre noir.

43 Buste d'Henri IV et de Catherine de Médicis, bronze ancien.

44 Une petite Figure de Guerrier agenouillé, en bronze doré.

45 Une Corne d'Abondance, en corne du XVIe siècle, supportée par des Griffes d'Oiseaux, monture en cuivre doré.

46 Une autre garnie en argent.

47 Un Cartel en marqueterie.

48 Une Écritoire en fer damasquiné en or, monture en bronze doré.

49 Un Petit Miroir avec Cadre en cuivre.
50 Trois Plats flamands en cuivre repoussé.
51 Un petit Lustre flamand en cuivre, à six lumières.
52 Un Pied de Calice bisantin et un autre du XVIe siècle, en cuivre doré.
53 Deux Verres de Venise à pied, dont un avec Mascarons.
54 Deux Vases et deux Verres, dont un portant la date de 1677.
55 Un Chandelier carré en Faïence de Rouen.
56 Un beau et grand Tuyau de Pipe en Merisier avec son Étui.
57 Une Guitare, une Mandoline, une autre indienne et trois Violons en mauvais état.
58 Deux Bols en porcelaine céladon, fond vert tendre.
59 Un Vase en Porcelaine de Chine, fond rouge, ornements dorés, médaillons, miniature.
60 Une Potiche à six pans, Porcelaine de Chine mutilée et une Tasse avec sa Soucoupe, même porcelaine.

61 Une Écuelle à anse, Couvercle et Plateau décorés de Fleurs en Porcelaine de Saxe.

62 Une Tasse et sa Soucoupe, Fleurs en relief en or dans son Étui en bois de palissandre.

63 Plusieurs Pots avec leurs Cuvettes en différentes Porcelaines.

64 Deux Vases fond blanc en émail, ornés de Fleurs.

65 Trois autres en Verre fond bleu, émaillés de Fleurs.

66 Deux Vases en Verre à anses, ornements dorés.

67 Trois Vases en Verre fond bleu, émaillés de Fleurs.

68 Trois autres Vases fond bleu tendre, ornements dorés.

69 Deux autres Vases en Verre à anses, ornements de Fleurs émaillés, et un autre fond bleu, ornements dorés.

70 Deux grandes Bouteilles en ancienne faïence.

71 Une Aiguière, un Vase à long goulot sans fond, un grand Flacon à pied, un grand Bol avec Couvercle, une grande Cloche et son Plateau, deux autres plus petites, cinq Plateaux, neuf

Gobelets et Sucriers en grande partie avec anses; le tout avec des ornements dorés dans le style oriental.

72 Environ une douzaine de beaux Tapis de Smyrne.

73 Plusieurs Coupons de Soies et Brocarts, Costumes à la Française et autres galonnés, Garnitures de Rideaux, dont plusieurs brodés en fin, une Peau de Lion.

Tableaux de diverses Écoles.

ALBERT CUYP (D'APRÈS).

1. Jeunes Filles dans un Paysage.

BERKLINKAN.

2. Intérieur de Corps de Garde. Soldats occupés à jouer et à fumer.

ABRAHAM BOSSE.

3. Intérieur de Femme Galante.

BOUCHER (FRANÇOIS).

4. L'Amour, Vénus et Mercure.

DU MÊME.

5. Femme nue tenant des fleurs.

ATTRIBUÉ AU MÊME.

6. L'Amour et Vénus.

BOUCHER (FRANÇOIS).

7. Vénus désarmant l'Amour. Bon tableau de ce maître.

VAN BLOEMEN.

8   Deux Tableaux : Attaque de Brigands et Halte de Cavaliers.

BOURDON (Sébastien).

9   Salle basse où sont réunis des Cavaliers occupés à fumer et à différents jeux.

CHARDIN.

10   Le Château de Caries. Très joli tableau de ce Maître avec sa gravure.

DAVID DEHEM.

11   Vases et Fruits.

Du Même.

12   Même Sujet.

Du Même.

13   Vases et Fruits.

DIEPENBECK (Abraham).

14   L'Embarquement. Belle composition avec quantité de Figures.

JEAN-LE-DUC.

15   Intérieur d'Estaminet où sont assis plusieurs fumeurs allumant leurs pipes.

Du Même.

16 Fumeur debout.

VAN-DYCK.

17 Bonne Esquisse de ce maître.

VAN ECKHOUTE.

18 Intérieur d'appartement où sont établis différents personnages.

FRANCK.

19 Table de Festin.

FRAGONARD.

20 Jeune Fille et son Chien.

Du Même.

21 Le Serment d'Amour.

GÉRICAULT.

22 Bonne Étude de Cheval Arabe.

Du Même.

23 Cheval Alézan de Russie.

Du Même.

24 Les Trompettes d'un Régiment.

GÉRICAULT (Attribué a).

25 Étude de cinq Chevaux vus de face.

GÉRARD.

26   Tête de jeune Homme. Beau Portrait de ce maître.

GRIMOUX.

27   Tête de jeune Femme, tenant un livre.

HOLBEN (GENRE DE).

28   Portrait d'Homme, ovale, sur porphyre rouge oriental.

HUET.

29   Etude de Légumes.

JANET (DIT CLOUET).

30   Une Collection de six petits Tableaux, représentant, Catherine de Médicis, Marguerite, Henri III, Charles IX, François II et le Duc d'Alençon. Tableaux sur vélin.

LANCRET (D'APRÈS).

31   Deux Tableaux ronds: la Danse et la Balançoire.

ATTRIBUÉ AU MÊME.

32   Deux Tableaux : la Chute et les Baigneuses. Sujets libres.

DU MÊME.

33   Homme et Femme faisant de la musique.

Du Même.

34 Danse Champêtre.

LUCAS DE LEYDE.

35 Son Portrait, peint par lui-même.

JORDAENS (Jacques).

36 Etude de deux Figures.

LE MOINE.

37 Le Triomphe d'Amphitrite.

MIERIS.

38 Portrait d'une Dame hollandaise, richement costumée.

MIGNARD (d'après).

39 Quatre Portraits d'Hommes et de Femmes.

PALAMEDE.

40 Intérieur de Musée hollandais.

Du Même.

41 Même Sujet.

PATER.

42 Deux Tableaux : le Concert et la Femme à sa toilette, dans leurs cadres en bois sculpté. Tableaux très gracieux et très fins.

RIGAULT (D'APRÈS).

43 Portrait d'Homme.

Du Même.

44 Portrait d'Homme.

RUBENS.

45 Bonne Esquisse de ce maître.

RUBENS (D'APRÈS).

46 La Fuite en Egypte.

Du Même.

47 Satire portant une Corbeille de fruits, avec sa gravure.

Même Manière.

48 Saint Augustin.

RUBENS (D'APRÈS).

49 Sujet de l'Ancien-Testament.

Du Même.

50 Sujet d'un Sacrifice.

Du Même.

51 Jugement de Salomon (deux pendants).

RUBENS (D'APRÈS).

52 Mars et Vénus.

D'APRÈS LE MÊME.

53 Judith et Holopherne. Cadre en écaille.

D'APRÈS LE MÊME.

54 Paysan et Paysanne portant un Veau et de la Volaille.

DU MÊME.

55 Le Centaure Chiron.

SCALKEN.

56 Homme cachetant une Lettre.

TERBURG (D'APRÈS).

57 Le Trompette.

TERBURG (GENRE DE).

58 Réunion et réception de Personnages attablés.

TINTORET (ATTRIBUÉ A).

59 Étude de Femme donnant des fruits à un Enfant.

DU MÊME.

60 Scène de Festin.

WATTEAU.

61 Beau Paysage où sont assis et groupés plusieurs Personnages dans diverses positions. Très bon tableau de ce Maître.

Du Même.

62   La moitié de l'Enseigne. Tableau en plafond, fait pour son ami Gersain, marchand sur le pont Notre-Dame. Avec sa Gravure.

WATTEAU.

63   Les heureux Amants. Paysage.

Du Même.

64   La Balançoire. Même genre.

Du Même.

65   Danse de Jeunes Filles dans un Paysage.

Du Même.

66   Scapin près d'un Groupe de Femmes.

WATTEAU.

67   Musicien pinçant de la Guitare. Groupe de cinq Figures.

Du Même.

68   Les Dénicheurs de Nids d'Oiseaux. Paysage.

Du Même.

69   Dans un Parc près d'une Fontaine, trois personnages faisant la conversation.

Du Même.

70   Esquisse. Paysage avec Figures.

VELASQUEZ (D'APRÈS).

71   Deux Portraits de jeunes gens avec Blason.

VITORCS.

72   Beau Tapis de Smyrne et Vase de la Renaissance.

MIGNARD (Genre de).

73   Portrait de Femme peinte en Diane.

Du Même.

74   Portrait d'un Peintre.

ÉCOLE ALLEMANDE.

75   Le Christ, après son jugement, conduit par une Corde.

Même École.

76   Le Baiser de Judas.

ÉCOLE FLAMANDE.

77   Petit Portrait d'homme sur cuivre.

Même École.

78   Petit Portrait de femme. Cadre en ébène et cuivre doré.

ÉCOLE FLAMANDE.

79   Intérieur d'appartement. Femme assise près de son lit et d'un berceau, lisant.

MÊME ÉCOLE

80   La chaste Suzanne surprise par les Vieillards.

ÉCOLE FRANÇAISE.

81   Portrait de Femme tenant un livre, dans son négligé du matin.

MÊME ÉCOLE.

82   Autre Portrait de Femme tenant un masque.

MÊME ÉCOLE.

83   Autre Portrait de Femme, ovale, dans son cadre sculpté et doré.

Dessins et Miniatures.

BOUCHER (François).

84 Un Dessin pour éventail.

BEAULIEU.

85 Dessin encadré. Dame assise dans un parc.
86 Un Dessin, par Boucher, Géricault et autres. Cinq pièces.

BERNARD.

87 Quatre Pièces d'Écritures.

CHASSELAS.

88 Deux Dessins.

FRANCIA ET AUTRES.

89 Quatre Pièces.

FRAGONARD (Honoré).

90 Un Dessin.

91 22 Dessins, dont un de Gros et un de Paroselle.

GREUZE.

92 22 Dessins et différentes Études qui seront divisés.

M. INGRES.

93 La Délivrance de Saint Pierre.

Du Même.

94 Amazone blessée. (Sujet d'après l'antique.)

LAGRÉNÉE.

95 Deux Têtes de Femme.

MÉNIER.

96 Un Dessin.

MEYER.

97 Six Dessins.

WATTEAU et LANCRET (D'APRÈS).

98 Cinq Pièces diverses.

HALLE (MANIÈRE DE).

99 Deux Dessins encadrés.

WATTEAU et LANCRET.

100 Cinq Pièces diverses.

WATTEAU (Antoine).

101 Deux Dessins

Du Même.

102 Trois Feuilles d'Étude, dont une contre-épreuve.

103 Deux Dessins Indiens.

JORDANS (Jacques, Attribué a).

104 Tête de Vieillard.

METZU (D'après).

105 Dame accordant une Mandoline. Jolie Miniature remplie de détails d'un fini précieux.

106 Portrait d'homme du temps de Louis XIV.

JANET (D'après).

107 Portrait en pied de Charles IX, dans son cadre en écaille.

108 Environ vingt Miniatures sur émail et peintes à l'huile; seront divisées.

Gravures en feuilles et encadrées, Livres à Figures.

109 Quatre Pièces par Marc-Antoine, Nicolas Beatrizi, dont le Martyre de saint Laurent.

110 Le Portrait de Rubens et de sa femme, par Marc-Ardell.

111 Six Pièces par R. Earolm, d'après Claude-le-Lorain.

112 Trois Pièces de l'École Allemande; trois Pièces par et d'après Albert Durer.

113 Quatre pièces par Abraham Bosse.

114 Gravure sur Bois, par Lucas Cranach et autres.

115 Une Pièce, la Bourgeoisie armée, par Claessens, d'après Rembrandt. Avant la lettre.

116 Portrait de Lambton, gravé par Samuel Cousin, d'après Lawrence.

117   Portrait d'Hussein Pacha, par M. H. Dupont, d'après Champmartin.

118   La Vierge au Rocher, par Auguste Desnoyer.

119   Six Portraits, par Drevet et Edelinck.

120   Un Portrait de Rubens, par Ficquet, épreuve avant la lettre.

121   Deux Pièces, par Beauvarlet, d'après C. Vanloo: La Sultane et la Confidence.

122   Seize Lithographies, par Géricault et autres.

123   Douze Feuilles en trois livraisons, publiées à Londres, par Géricault. *par Gihaut*

124   Trois Pièces, d'après Greuze, et une d'après Aubry.

125   Quatre Estampes en couleur, représentant les Quatre Saisons, par Houston.

126   Quatre Pièces lithographiées, par MM. Ingres et Gros.

127   Huit Pièces, d'après Lancret. La Musique champêtre, l'Hiver, l'Été, l'Automne, le Jeu du Collin-Maillard, le Repos de chasse et autres.

128   Trois Pièces, par Norblin.

129 Une Pièce, d'après Rembrandt, par Jean Michel Moreau.

130 Quatorze Pièces, d'après Rubens et par divers graveurs.

131 Deux Pièces, d'après Rubens.

132 Huit Pièces, d'après Rubens, par divers graveurs.

133 Six Pièces. Sujets de Chasse, d'après Rubens, par divers graveurs.

134 Trois Pièces, par Sharp et Saillard.

135 Une Pièce. La Paix de Munster, d'après Terburg, par Suyderoef.

136 Dix sept Pièces, par Jean-Baptiste Tiépolo. Première épreuve avant le numéro.

137 Une Pièce, par M. Woalett, épreuve avant la lettre, en mauvais état.

138 Une Pièce, gravée par Antoine Watteau.

139 Deux Pièces par Wille : le Portrait d'Élisabeth de Gouy, deux Épreuves dont une avant l'adresse, de Limosin.

140 Quatre Pièces d'après Watteau : les Plaisirs du Bal, la Mariée de Village, l'Embarquement pour Cythère, et l'Accordée de Village.

141 Cinq Pièces d'après Watteau: la Contredanse, l'Assemblée Galante, l'Amour au Théâtre Italien, et l'Amour au Théâtre Français.

142 Cinq Pièces d'après Watteau: la Surprise, la Danse Paysanne, le Printemps, la Conversation et la Danse.

143 Seize Portraits, d'après Van Dyck, Rubens et Vanhulle.

144 Dix Pièces, d'après Wouvermans.

145 Une Odalisque, d'après Vidal.

146 Vingt-deux Estampes anglaises, en couleur, représentant des Chevaux.

147 Trente-trois Pièces, par des graveurs anglais, représentant des Chevaux.

148 Vingt-trois Pièces, galerie du Luxembourg, d'après Rubens.

149 Six Pièces coloriées, représentant des Oiseaux.

150 Un Carton contenant soixante-dix-huit pièces lithographiées.

151 Vingt-et-un Paysages, par divers graveurs.

152 Quatre Pièces, gravées à l'aide du Daguerréotype.

153 Seize Pièces diverses.

154 Trente-deux Pièces, gravées d'après des peintres de l'Ecole hollandaise.

155 Quatorze Portraits, par des graveurs anglais.

156 Quatorze idem. En manière noire.

157 Vingt Pièces diverses. Sujets Chasse.

158 Seize Portraits lithographiés.

159 Le Portrait de M. Ingres, de M. Decaze et un autre.

160 Quinze Portraits, par divers graveurs.

161 Dix Pièces d'après des maîtres français.

162 Quinze Pièces diverses, par et d'après des peintres italiens.

163 Vingt-six Estampes, par des Graveurs anglais.

164 Douze Pièces. Sujets gracieux.

165 Vingt-sept Feuilles de livraisons, par Mlle Naudet: Objets d'Art et de Curiosité

166 Quantité de Livres à figures, dont les Costumes allemands, la Galerie du Palais-Royal, et autres étrangers.

167 Environ trente Gravures encadrées, dont les Batailles d'Alexandre, d'après Le Brun.

168 Environ trente-cinq Sujets daguerréotypés.

169 On vendra, dans la première Vacation, des Ustensiles de peintre et d'atelier, tels que Chevalets, Palettes, Boîtes à couleurs, Cadres, Passe-partout, Modèles en plâtre et Cartons.

Imp. de Mme de Lacombe, r. d'Enghien, 14.

www.ingramcontent.com/pod-product-compliance
Lightning Source LLC
Chambersburg PA
CBHW030105230526
45471CB00003B/1270